Ce cahier n'est pas comme les autres.
Il t'invite à regarder autrement tous les aliments que tu consommes. Rien n'est plus facile car manger est un geste quotidien. Et qui procure en plus du plaisir ! Salés ou sucrés, bons ou peu ragoûtants, les aliments nous apportent de quoi vivre. Peux-tu imaginer une vie où l'on prendrait nos repas sous forme de pilule ? Sans prendre le temps de partager un agréable moment, de cuisiner, de choisir la nourriture, voire de la faire pousser ?
Puisqu'il est difficile d'imaginer notre vie sans les aliments, prenons ici le temps de les connaître un peu, et de mieux les choisir !

QUI MANGE QUOI ?

Contrairement aux plantes qui puisent leurs aliments directement dans la terre, les hommes, eux, doivent cultiver des plantes, élever des animaux, cueillir, cuisiner...

Ces animaux sont herbivores : ils mangent des végétaux (herbes, plantes...).

Les carnivores se nourrissent principalement de viande.
Par exemple, les chats raffolent des rongeurs comme les souris.
Mais aussi des oiseaux !

Un petit animal n'est pas forcément une proie ou un herbivore. Certains insectes mangent de la viande (sauterelles, libellules...).

Les êtres humains sont omnivores, c'est-à-dire qu'ils mangent de tout : animaux (dont les insectes), plantes, lait, champignons, algues, etc.

Entoure ce qui se mange.

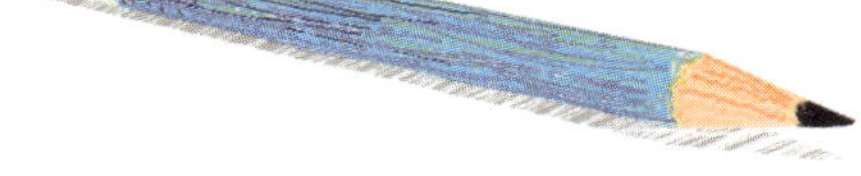

PEUT-ON MANGER DE TOUT ?

Nous ne sommes pas capables de tout digérer. T'imagines-tu grignoter un morceau d'écorce ou mâchouiller des os d'animaux ?

Et même dans un aliment comestible, tout ne se mange pas. Par exemple, les feuilles de la pomme de terre sont retirées avant d'être commercialisées car elles sont toxiques.

Colorie la ou les partie(s) comestible(s).

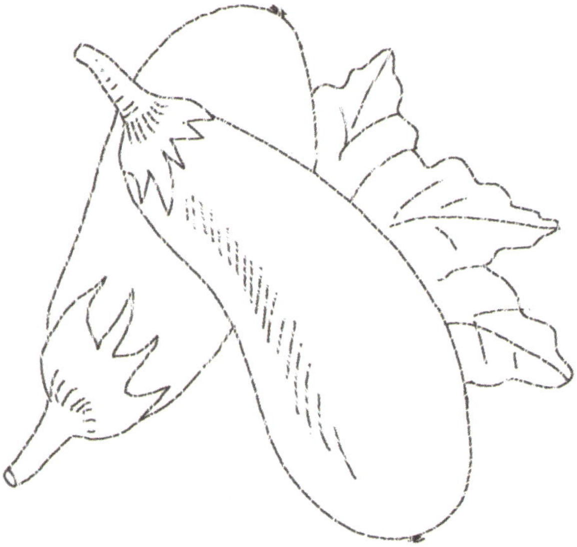

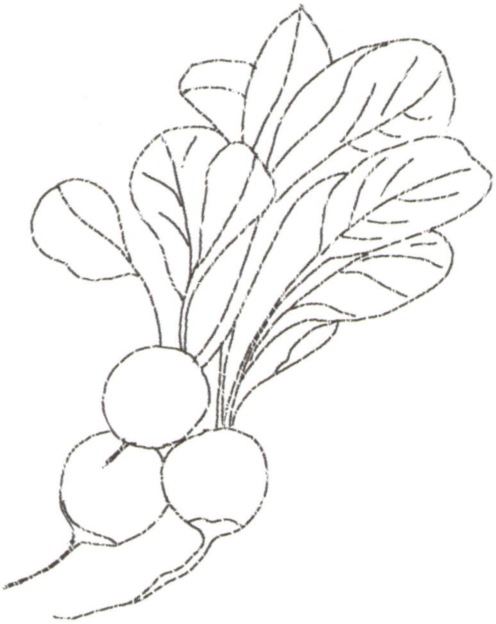

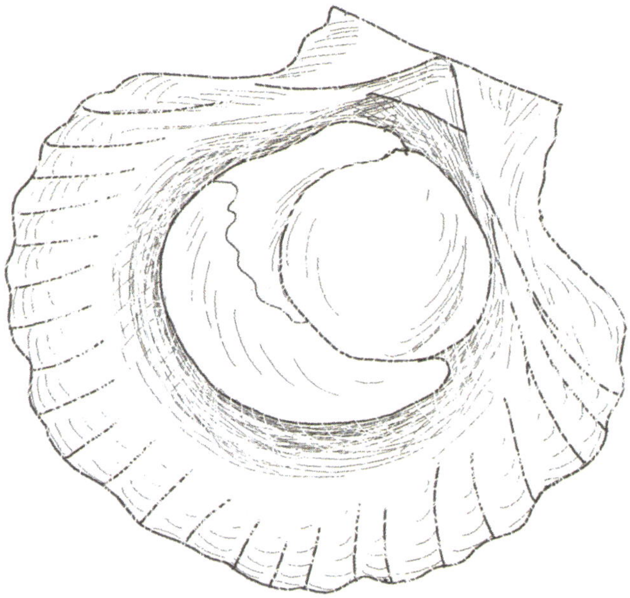

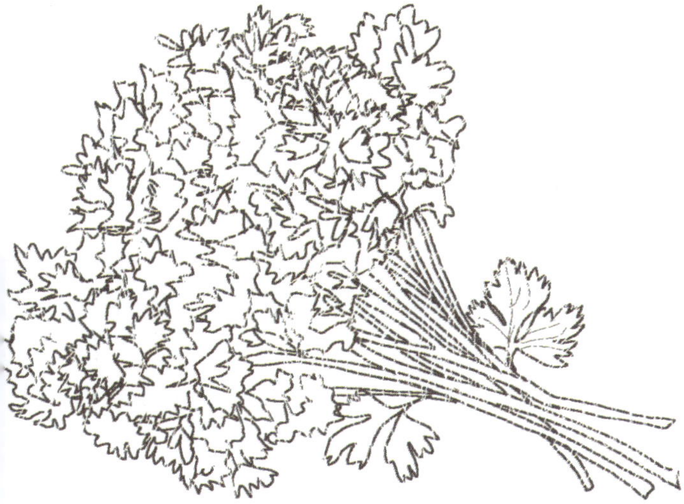

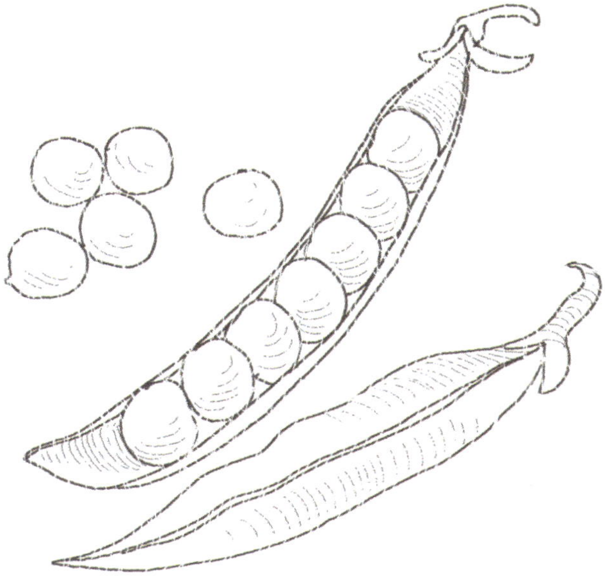

CHAMPIGNONS : TOUS NE SONT PAS COMESTIBLES !

Lors de ta prochaine promenade en forêt, prends un panier et pars à la cueillette aux champignons ! Mais attention, ne les touche pas sans l'autorisation d'un adulte, certains champignons sont toxiques.
Entoure les champignons comestibles et barre celui qui est dangereux.

Réponse : Comestibles : la girolle, le cèpe, la morille ronde. Non comestible : l'amanite.

CULTIVE TES TOMATES CERISES

1. Coupe en deux 3 tomates cerises bio, puis retire les graines.
2. Remplis un grand pot de terre (si possible de la terre de jardin qui a déjà un sol riche).
3. Enterre les graines à environ 2-3 cm de profondeur.
4. Arrose.

Lorsque les tiges auront atteint 20 cm (au bout de quelques semaines) choisis 3 plants qui ont assez d'espace entre eux, et enlève les autres. Tes 3 plants vont pousser, et au bout de quelques mois, ils donneront des tomates cerises !

Il faudra probablement ajouter un tuteur pour soutenir tes plants.

Tu peux aussi planter des plantes aromatiques (romarin, verveine, menthe...).

LA SOUPE DE COURGE : UNE RECETTE ZÉRO GASPILLAGE

Il te faut :

- 1 courge*
- 2 carottes*
- 2 pommes de terre*
- 1 cuillère à soupe de gros sel
- 1 pincée de noix de muscade
- 1 cuillère à soupe d'huile d'olive
- ½ cuillère à café de sel fin

** de préférence biologique*

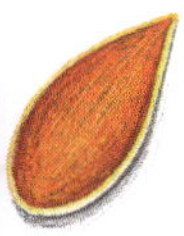

1. Demande à un adulte de couper le haut de la courge (1 tiers).
2. À l'aide d'une cuillère, enlève la chair et mets-la dans une casserole. Conserve les graines à part. Garde précieusement la coque, ce sera ton plat de service !
3. Épluche, lave et coupe les carottes et les pommes de terre. Place-les dans la casserole.
4. Couvre les légumes d'eau et mets-les à cuire.
5. Lorsque l'eau bout, verse le gros sel.
6. Fais cuire 20 minutes puis mouline les légumes.
7. Fais cuire encore 10 minutes puis ajoute la noix de muscade.
8. Pendant la cuisson de ta soupe, prépare les graines.
9. Préchauffe ton four à 150 °C. Lave bien les graines puis essuie-les. Dans un saladier, mélange-les avec l'huile d'olive et le sel fin. Place-les sur une plaque couverte de papier de cuisson et fais-les cuire 15 minutes.
10. Sers les graines en apéritif, verse la soupe dans la coque pour la présenter à tes invités !

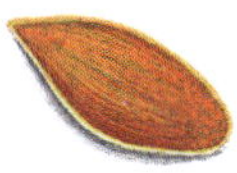

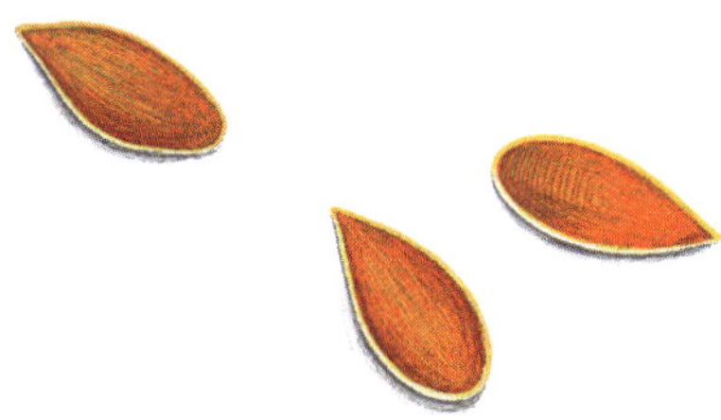

DES ALIMENTS QUI RESPECTENT ENCORE PLUS L'ENVIRONNEMENT

Des dessins sont inscrits sur les emballages de certains aliments.
Ce sont les labels.

Retrouve la définition de chaque label grâce aux vignettes placées à la fin de ton cahier. Découpe-les et colle-les au bon endroit.

commerce équitable

Les aliments bio, ça veut dire quoi ?

Les agriculteurs qui pratiquent l'agricuture biologique protègent davantage le sol en privilégiant les engrais et substances d'origine naturelle, sans recourir aux pesticides fariqués en laboratoire. Pour lutter contre les pucerons qui s'attaquent aux feuilles, ils font appel, par exemple, aux coccinelles, friandes de ces petits insectes !

Dans les élevages, les animaux ont un peu plus d'espace. Ils circulent à l'air libre, et les petits sont nourris par leur mère. On utilise aussi moins de médicaments, comme les antibiotiques.

Dans son potager ou sur son balcon, cultiver ses fruits et légumes bio n'est pas difficile. Toi aussi, à ton échelle, tu peux le faire ! (cf. «cultive tes tomates cerises» page 6).

DE LA FOURCHE... À LA FOURCHETTE !

Si certains aliments peuvent se manger crus, d'autres doivent être transformés avant d'être consommés.

Relie le produit brut au produit transformé.

Réponse : cabillaud/poisson pané ; tomates/ketchup ; feuilles de menthe/sirop de menthe ; pommes/compote ; cabosse/tablette de chocolat ; épi de blé/pain ; chèvre/bûchette de chèvre ; cochon/saucisson

ALIMENTS ULTRA-TRANSFORMÉS, MÈNE L'ENQUÊTE !

Dans les produits «ultra-transformés» qu'on trouve dans les grands magasins, il y a trop de graisses, de sirop de glucose, de sucre ajouté inutile, d'additifs, de colorants, de sel... On ajoute tout cela pour les rendre plus attrayants, et les conserver plus longtemps. En revanche, ils sont aussi plus pauvres en fibres, vitamines et minéraux. Mène l'enquête et regarde les étiquettes. Une astuce pour t'aider : souvent plus l'étiquette est remplie, plus le produit est transformé !

Entoure les produits ultra-transformés.

Réponse : Les produits ultra-transformés sont la canette de soda, les pâtes à réchauffer au four à micro-ondes, la salade préparée, la sauce barbecue, le sachet de biscuits, les nuggets de poulet et les frites.

REPÈRE LES ADDITIFS...

Les aliments industriels contiennent des additifs dont le rôle est d'améliorer leur goût ou bien de prolonger leur durée de conservation.
Comme tous les autres ingrédients, les additifs sont inscrits sur l'emballage d'un produit. Tu peux les retrouver facilement car ils sont représentés par la lettre E suivie de 3 chiffres. Si certains additifs ne présentent aucun danger pour ta santé, d'autres peuvent être néfastes.

En magasin ou chez toi, apprends à décoder les étiquettes des produits alimentaires.

Les colorants (E100 à E182) améliorent l'aspect d'un aliment et le rendent plus appétissant ;

Les conservateurs (E200 à E297) et les antioxydants (E300 à E321) prolongent la durée de conservation d'un aliment ;

Les exhausteurs de goût (E620 à E650) améliorent le goût.

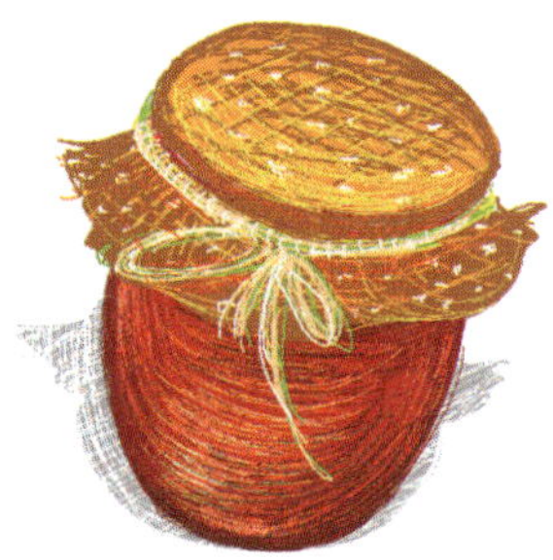

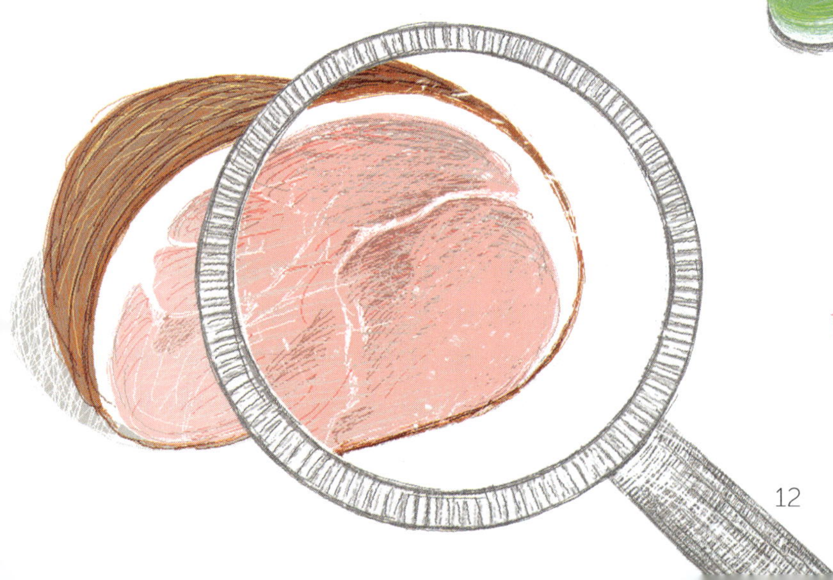

Savais-tu que la couleur naturelle du jambon n'est pas rose, mais grise ? Pour le rendre plus appétissant, les industriels ajoutent un conservateur, le nitrite de sodium, et du colorant, le E124, appelé aussi « rouge cochenille ».

… ET LE SUCRE CACHÉ !

Pour être en forme toute la journée, ton cerveau et tes muscles réclament du sucre. Tu le trouves dans le pain, dans les fruits, les gâteaux, les boissons… Attention, l'Organisation mondiale de la santé (OMS) recommande de ne pas dépasser 25 grammes de sucre par jour.

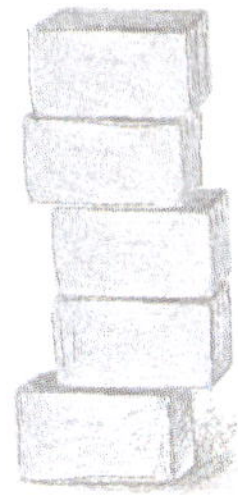
25 grammes

Relie ces aliments à leur quantité de sucre.

5 grammes

○ 1 

 A ○

○ 2 

 B ○

○ 3 

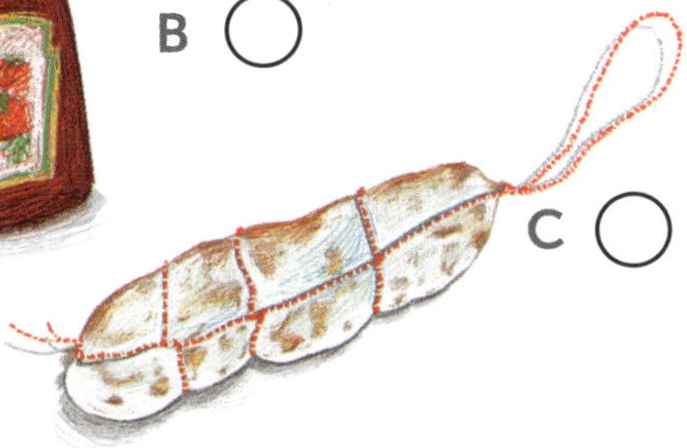 C ○

○ 4 

D ○ 

○ 5 

○ 6 

 E ○

F ○ 

○ 7 

G ○ 

Réponses : A-7 ; B-2 ; C-5 ; D-1 ; E-4 ; F-6 ; G3

DES FRUITS BIEN MÛRS

Pêches, pommes, poires, abricots, fruits de la passion, bananes, mangues et avocats sont des fruits qui mûrissent très bien après avoir été récoltés, grâce à un gaz qu'ils dégagent : l'éthylène. D'autres fruits, au contraire, ne mûriront plus mais l'éthylène accélérera le pourrissement.

Colorie ces aliments. Ce tableau t'aidera à bien choisir tes fruits lorsque tu les achètes.

Fruits qui continuent de mûrir après la cueillette	Fruits qui ne murissent plus après la cueillette
 abricot avocat banane kiwi mangue pêche poire pomme prunes	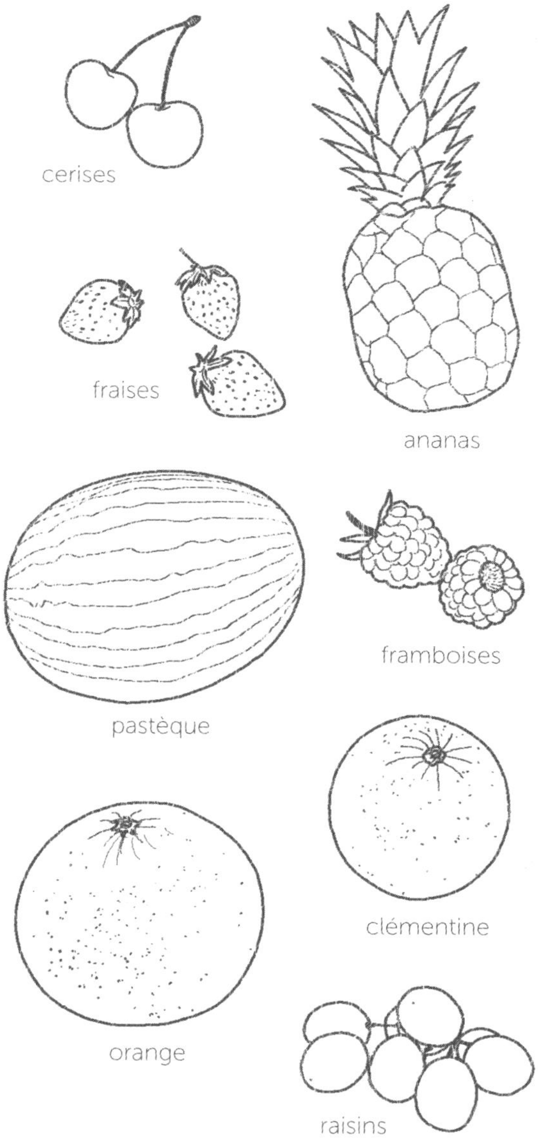 cerises ananas fraises framboises pastèque clémentine orange raisins

*Les pommes mûrissent très rapidement à température ambiante. Pour les conserver, tu peux les laisser au réfrigérateur.

FRUITS PAS MÛRS ? DONNE-LEUR UN COUP DE MAIN !

1. Place tes fruits pas assez mûrs dans un sac en papier.
2. Ajoute un fruit qui dégage beaucoup d'éthylène (banane, tomate ou pomme) et referme le sac, sans serrer.
3. Laisse ton sac à température ambiante. Lorsque le fruit est un peu moelleux et qu'il dégage une odeur parfumée, il est prêt à être dégusté !

PÊCHES FARINEUSES

Certains fruits conservés trop longtemps au froid ne pourront plus mûrir correctement : c'est le cas de nombreuses pêches, belles en apparence mais farineuses quand tu les manges. Lorsqu'elles arrivent au supermarché, c'est trop tard ! Achète-les plutôt au marché à des petits producteurs qui viennent de les cueillir !

SUCRÉ, SALÉ, ACIDE OU AMER ?

Découpe les différents aliments à la fin de ton cahier et colle-les dans les assiettes correspondantes.

Les aliments sucrés  permettent d'avoir rapidement de l'énergie, on les trouve souvent bons. Mais consommer trop de sucre est néfaste pour la santé.

Les aliments acides  ou amers  apportent des nutriments, mais on n'apprécie pas toujours leur goût.

Les aliments salés permettent de maintenir l'eau dans notre corps. Mais nous avons besoin de très peu de sel et nous en consommons trop !  

LE CORPS EST UNE MACHINE QU'IL FAUT ENTRETENIR TOUS LES JOURS

Pour cela, notre alimentation est essentielle ! Les nutriments présents dans nos aliments sont indispensables pour bien grandir, être en bonne santé, réfléchir, créer, se sentir bien !

Découpe et colle les aliments sur les bonnes étagères.

Les sucres donnent de l'énergie : il y a les sucres rapides (bonbons, confiture, miel...) ou lents (pâtes, pain...).
Les graisses gardent l'énergie pour plus tard et transportent certaines vitamines (beurre, huile, poisson gras).
Les protéines construisent et rénovent les muscles, les cheveux, les ongles (poisson, noix, lentilles, œuf...).
Les vitamines sont indispensables au corps (fruits, légumes).
Les minéraux sont essentiels pour la construction et la rénovation des os, maintenir l'eau dans l'organisme (fromage, chocolat...).
Dans notre corps il y a beaucoup d'eau, et il faut renouveler en permanence !

Dessine-toi et tout autour tes aliments préférés.

UNE ASSIETTE ÉQUILIBRÉE !

Pour que ton repas soit parfaitement équilibré et ton corps bien nourri, tout est une question de proportions !

Découpe et colle les bonnes portions pour réaliser l'assiette idéale.

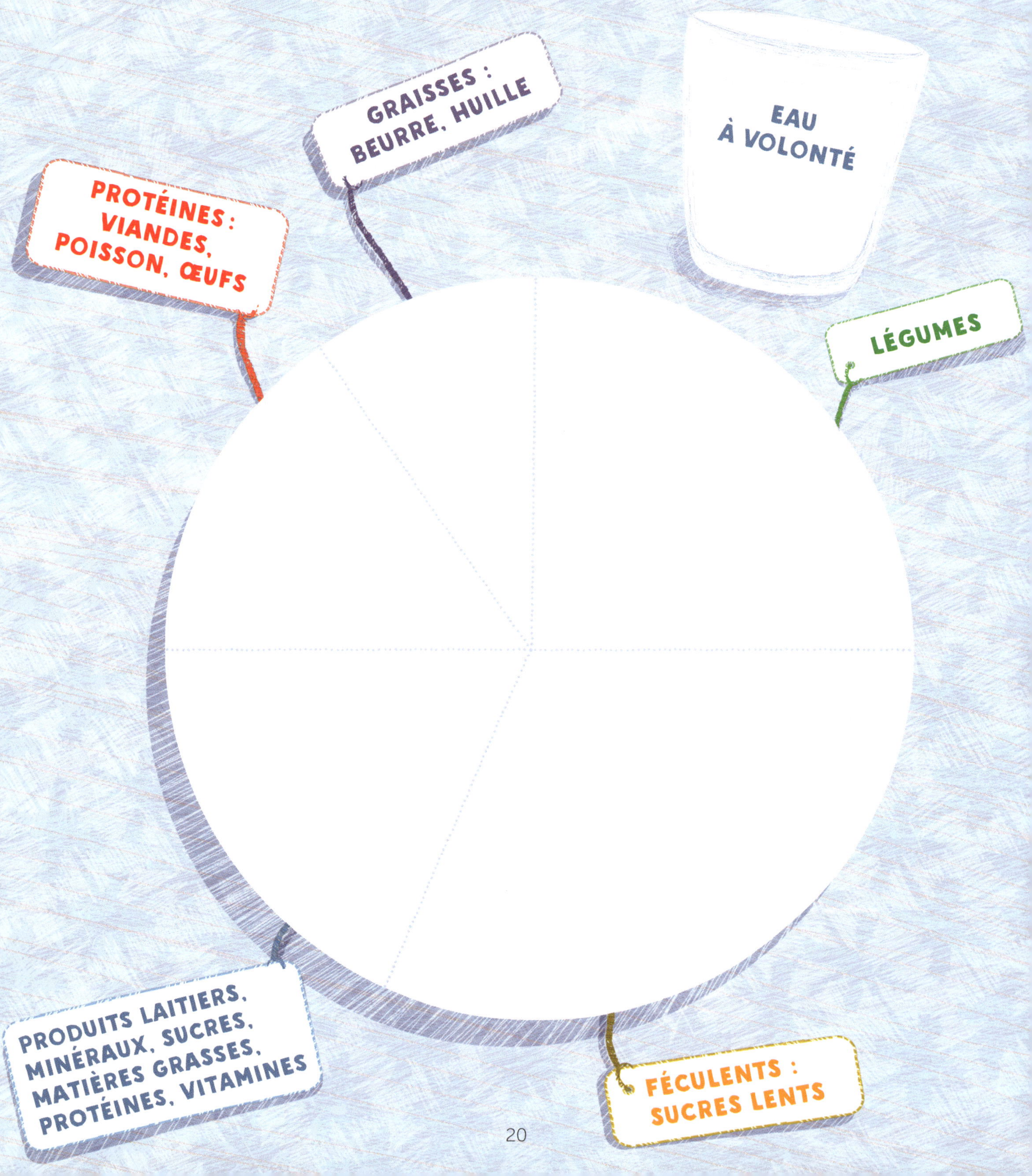

PETITE HISTOIRE DE NOS ALIMENTS

Certains aliments que nous consommons tous les jours étaient inconnus de nos ancêtres !

Lis les définitions mystères et relie-les à chaque aliment.

A ○

1 ○ Je suis un fruit originaire du Brésil, mon nom vient de *nana* qui signifie «parfumé» en guarani (une langue d'Amérique du Sud). Christophe Colomb me découvre en Guadeloupe en 1493.

B ○

2 ○ Les premiers à me cultiver sont les Indiens des Andes (Amérique du Sud) il y a 8000 ans ! Puis je traverse l'Atlantique vers 1570, avec les conquistadores espagnols qui rentrent chez eux. Je suis d'abord connue en Espagne sous le nom de *patata*.

C ○

3 ○ Je viens d'Amérique du Sud, du Pérou.
On m'appelait autrefois «pomme du Pérou», puis au Mexique on m'a donné le nom *tomalti*, dérivé d'un mot aztèque *zitomate*.

D ○

4 ○ Je suis à l'origine d'une boisson très ancienne d'Amérique du Sud, réservée aux nobles mayas. Puis les Aztèques ont utilisé mes fèves comme monnaie de grande valeur. Au début les conquistadors m'ont trouvé trop amer jusqu'à ce qu'on ait l'idée de me mélanger à du sucre !

Réponses : A-2 ; B-4 ; C-1 ; D-3.

LES ALLERGIES ALIMENTAIRES

Lorsqu'on mange un aliment toxique, notre corps réagit et le rejette, ce qui peut provoquer des vomissements, une forte toux, des plaques rouges sur la peau...

Ces réactions peuvent aussi apparaître lorsqu'on est allergique à un aliment pourtant sain pour la plupart d'entre nous.

Les allergies les plus courantes sont aux fruits à coque (noisettes, amandes, cacahuètes...), aux œufs, au gluten (des protéines présentes dans plusieurs céréales comme le blé), au lait de vache, aux crustacés...

RECETTE DE GÂTEAU AU CHOCOLAT SANS GLUTEN

Il te faut :

- 4 œufs
- 70 g de sucre roux
- 200 g de chocolat noir
- 70 g de beurre doux
- 70 g de farine de riz

1. Demande à un adulte de préchauffer le four à 210°C (chaleur tournante).
2. Dans un saladier, mélange avec un fouet les oeufs et le sucre jusqu'à ce que l'ensemble blanchisse.
3. Fais fondre séparément le beurre et le chocolat coupé en morceaux, puis ajoute-les dans le saladier. Mélange la préparation.
4. Ajoute progressivement la farine de riz et mélange bien : ta pâte doit être lisse et homogène.
5. Beurre et farine ton moule.
6. Enfourne et laisse cuire 25 minutes environ. Attends qu'il refroidisse quelques minutes avant de le démouler et de le déguster !

Astuce

Ton gâteau est-il suffisamment cuit ?

Demande à un adulte de planter la lame d'un couteau dans ton gâteau encore au four. Si elle ressort légèrement humide, c'est que ton gâteau est cuit ! Si la lame colle, laisse-le encore cuire quelques minutes avant de refaire le test.

MOINS DE VIANDE, PLUS DE LÉGUMINEUSES !

La viande occupe une grande place dans ton alimentation car elle contient beaucoup de protéines, des petites molécules indispensables à notre santé, et du fer. Il est pourtant déconseillé d'en manger tous les jours... Pourquoi ?

La viande est très grasse et contient parfois des produits peu recommandés, comme les antibiotiques et les hormones. Il est donc de plus en plus conseillé de remplacer occasionnellement les protéines animales par des protéines végétales.

Voici les aliments les plus riches en fibre et/ou en protéines. Parmi eux se trouvent les légumineuses, qui contiennent peu de matières grasses, mais beaucoup de protéines.

Entoure en rouge ceux que tu connais et en vert ceux ce que tu aimerais goûter.

les haricots rouges

le chou frisé

les pois chiches

les noix

les petits pois

le quinoa

les amandes

les brocolis

les lentilles

OUI AUX PRODUITS DE SAISON !

Manger des fruits et des légumes de saison est meilleur au goût mais aussi pour ta santé ! Quand il fait chaud, ton corps a besoin d'aliments riches en eau, comme la pastèque ou la tomate. En hiver, pour combler le manque de soleil, il faut absorber davantage de vitamines C, que tu trouves dans les agrumes.

Les fruits et les légumes que tu manges hors saison sont cultivés sous des serres, et, pour la plupart, arrosés avec des pesticides. Ou alors, ils viennent de loin, en avion, ce qui continue à polluer notre planète !

Colorie les aliments ci-contre. Tu peux ensuite découper le tableau et l'afficher dans ta cuisine.

PRINTEMPS
framboises
asperges
salade
fraises
artichaut
pomme
ÉTÉ
concombre
carotte
aubergine
radis
pastèque
tomates
AUTOMNE
brocolis
endive
potiron
raisin
figues
kiwi
HIVER
chou-fleur
poire
poireau
orange
citron
pamplemousse

TOI AUSSI, FAIS TA PART !

Du blé à la tartine

La ferme des Fromentaux est un lieu de vie collectif et agricole situé dans la vallée de la jeune Loire, à Retournac. Les animatrices de l'association **Bionheur en herbe** y accueillent des enfants pour leur faire découvrir le métier de paysan(ne) et leur montrer les étapes depuis l'épi de blé jusqu'au au pain tout chaud.

Ensemble, les enfants se promènent d'abord dans les champs pour toucher et sentir le blé. Ils suivent ensuite les grains jusqu'au moulin Astrié, non loin de là, où ils sont triés et moulus pour devenir de la farine. Enfin, ils pétrissent la pâte avant de l'enfourner dans le four pain, dans le fournil attenant à la ferme. Quand le pain est cuit, le goûter est prêt !

http://fermelesfromentaux.com/

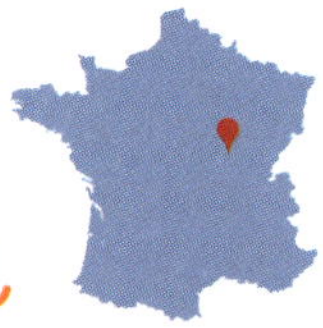

La cuisine au naturel

Au sud du parc naturel du Morvan, le **Tiers Lieu L'Horizon** (un tiers-lieu est un lieu qui n'est ni la maison, ni le lieu de travail !) s'est installé dans une ancienne librairie. On y propose aux enfants des activités de recyclage informatique, de cueillette, de cuisine...

Les enfants vont par exemple en forêt pour apprendre à distinguer les plantes et les champignons comestibles de ceux dangereux pour la santé.
On cueille ensuite de l'ail des ours, des pissenlits, du thym pour la salade collective et on rentre à L'Horizon pour cuisiner ensemble !

Le vrai goût des fruits et légumes

Dans le Morvan, l'association **Alôsnys** fait découvrir les légumes ou les plantes en se déplaçant dans les écoles avec une collection de cartes représentant des légumes. À partir de ce jeu de cartes, il est possible de créer une multitude d'activités : retrouver le nom du légume, classer les légumes par saison, par origine, etc. Et le jeu se termine souvent par une dégustation des produits de saisons. Quand les enfants viennent dans le grand jardin pédagogique d'Alôsnys, ils jouent à trouver les ingrédients de la potion magique. Chacun doit récolter une carotte, une courgette, un peu de persil... Et à la fin, ça fait une bonne soupe de légumes !

https://www.alosnys.com/

Agriculture biologique (bio) : c'est une façon naturelle de produire des aliments en respectant la terre et les animaux. Les traitements utilisés ne sont pas d'origine chimique, mais d'origine naturelle.

Les produits viennent souvent de loin, les petits paysans locaux sont payés correctement.

L'emballage est recyclable.

Le fabricant a versé de l'argent à une société chargée du recyclage et du tri des emballages.

PÂTES
LENTILLES
MIEL

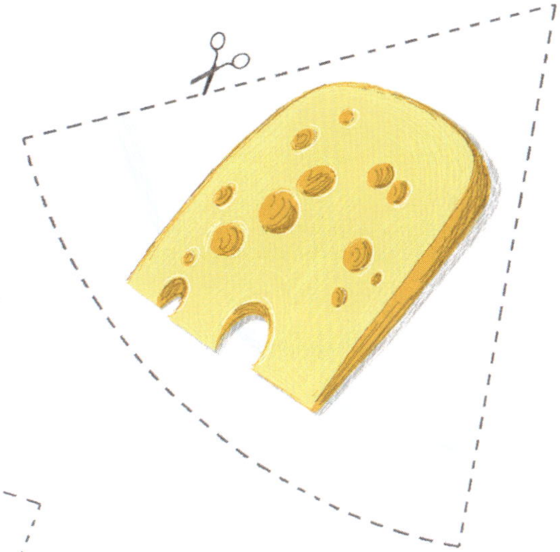

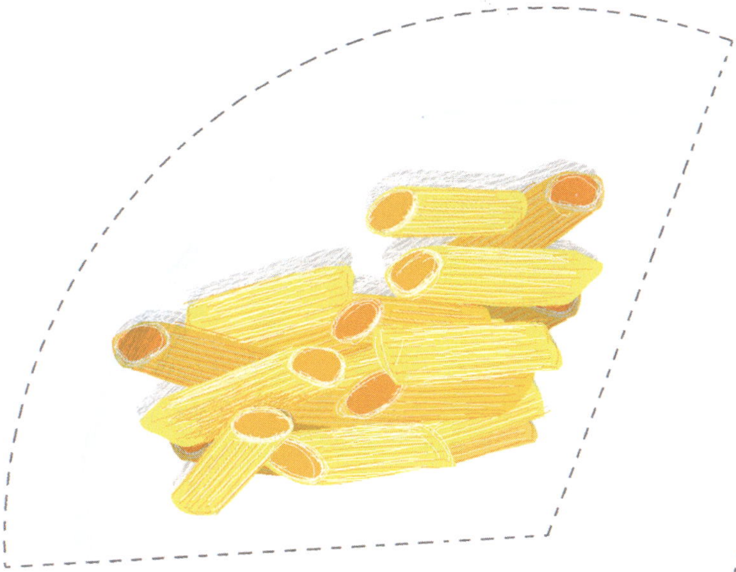

MIXTE
Papier issu de sources responsables
FSC® C022030

25, avenue Pierre-de-Coubertin, 75013 Paris
ISBN : 978-2-09-278884-4
Loi n°49-956 du 16 juillet 1949 sur les publications destinées
à la jeunesse, modifiée par la loi n°2011-525 du 17 mai 2011.

Achevé d'imprimer en juin 2018 par Clerc.
N° éditeur : 10236583 – Dépôt légal : juillet 2018.